# 도나 노비스 파쳄

리호 디카시집

도서출판 실천

# 도나 노비스 파쳄

## 한국디카시학 기획시선 010

---

초판 2쇄 인쇄 | 2023년 8월 30일
초판 1쇄 발행 | 2023년 7월 12일

지 은 이 | 리 호
펴 낸 이 | 민수현
엮 은 이 | 이어산
기 획 · 제 작 | 한국디카시학
발 행 처 | 도서출판 실천
등 록 번 호 | 제2021-000009호
등 록 일 자 | 2021년 3월 19일

서울사무실 | 서울특별시 종로구 율곡로 6길 36
　　　　　　 02)766-4580, 010-6687-4580

편  집  실 | 경남 진주시 동부로 169번길 12 윙스타워 A동 705호
전　　　 화 | 055)763-2245, 010-3945-2245
팩　　　 스 | 055)762-0124
전 자 우 편 | 0022leesk@hanmail.net
편 집 · 인 쇄 | 도서출판 실천
디자인실장 | 이예운  디자인팀 | 변선희, 이청아, 김승현

ISBN 979-11-92374-24-6
값 12,000원

* 이 책은 전부 또는 일부 내용을 재사용하려면 저작권자와 '도서출판 실천'의
  동의를 받아야 합니다.
* 이 책의 국립중앙도서관 출판예정도서목록(CIP)은 서지정보유통지원시스템(http://s
  eoji.nl.go.kr)과 국가자료종합목록시스템(http://www.nl.go.kr/kolisnet)에서 이용
  하실 수 있습니다.
* 잘못된 책은 교환해드립니다

# 도나 노비스 파쳄

리호 디카시집

■ 시인의 말


우비가 아름다울 때

미로의 입구에 섰을 때

뒤뚱뒤뚱 벨이 울릴 때


23년 겨울 속의,
24년 리호

■ 차례

## 1부 EGYPT

투영 · 14
교감 선생님 · 16
우수 무렵 · 18
수능 모의고사 · 20
중2병 · 22
그대로 있으라 · 24
핼러윈, 오상의 비오 · 26
양다리 · 28
요술빵 · 30
숨바꼭질 · 32
마우스 투 마우스 · 34
엘리베이터 고장 난 날 · 36
1교시 영어 시간 · 38
모란이 피기까지는 · 40
장군이 · 42

## 2부 OLYMPUS

붕 · 46

역지사지 · 48

그날 일기 38.4 · 50

여배우들 · 52

지킬 앤 하이드 · 54

하지 · 56

절규 · 58

하필 · 60

8월의 크리스마스 · 62

비양심 집회 · 64

219 공화국 · 66

배틀그라운드 · 68

호시탐탐 vs 눈치 · 70

간판 공모 · 72

## 3부 THE SEED

악공 · 76
21세기 춘향 · 78
사내 커플 · 80
과음 · 82
요요 · 84
파문 · 86
신혼 · 88
키가 크는 이유 · 90
22세기 지구인 · 92
제망매가 · 94
산책 · 96
체감온도 · 98
후진의 정석 · 100
빙고 · 102
입추 · 104

## 4부 CAVE

세미원에서 · 108

가위손 · 110

라이어 크리스마스 · 112

배웅 · 114

非 · 116

적도의 펭귄 · 118

도나 노비스 파쳄 · 120

숙면 · 122

갱년기 · 124

데자뷰 · 126

신의 잔소리 · 128

잘 하고 있어 · 130

미로 · 132

하늘 우물 · 134

1. 하늘 우물에서 부르는 평화의 노래 · 138

    오홍진(문학평론가)


2. 꼭꼭 숨으셨나요? 이제부터 찾겠습니다 · 143

    최은묵(시인)


3. 신에게 향하는 마음을 시인의 글로 마주하다 · 146

    고전(타로 심리학 강사)


4. 사뿐히 내려앉는 소복한 자화상 · 149

    허예지(한빛누리중 3학년 재학 중, 웹진 《월간 한빛》 편집부장)

# Agnus Dei

리호 디카시 해설

5. 의미와 쓸모를 찾아 헤매는 모두에게 · 152

    정우진(그래픽 디자이너, 디자인 스튜디오 《범프헤드》 공동대표)

6. 신은 참 가까이 있는 것 같은데요? · 155

    차기환(배우, 서울시립대 도시과학대학원 겸임교수)

7. 묵음의 4중주 신호를 읽다 · 158

    ID:EARTH 아이디얼스(가수, 작곡가)

8. 그녀의 긴 곡선 · 161

    한순(시인, 에세이스트, ㈜도서출판 《나무생각》 대표)

# 1부
EGYPT

# 투영

한 발 뒤에서 다시 보면

온몸으로 봄을 싣고 날아가는

새 한 마리

# 교감 선생님

교복 치마가 너무 짧아

퍼머나 염색한 거 아니지?


그런데

우산은 가져왔니

## 우수 무렵

봄꽃은 아직 멀고

나는 늙어 젖은 적고

입심 강한 녀석들

눈은 언제 뜨려나

# 수능 모의고사

3교시 수학


내일은 머리 감자

# 중2병

어디로 튀든 다 좋으니

건강만 하여라

## 그대로 있으라

빨간 틴트를 가지고 싶다던 아이와

하얀 핸드폰을 가진 아이들이

툭    툭

　　툭툭　　　　툭

꽃처럼 진 날 4.16

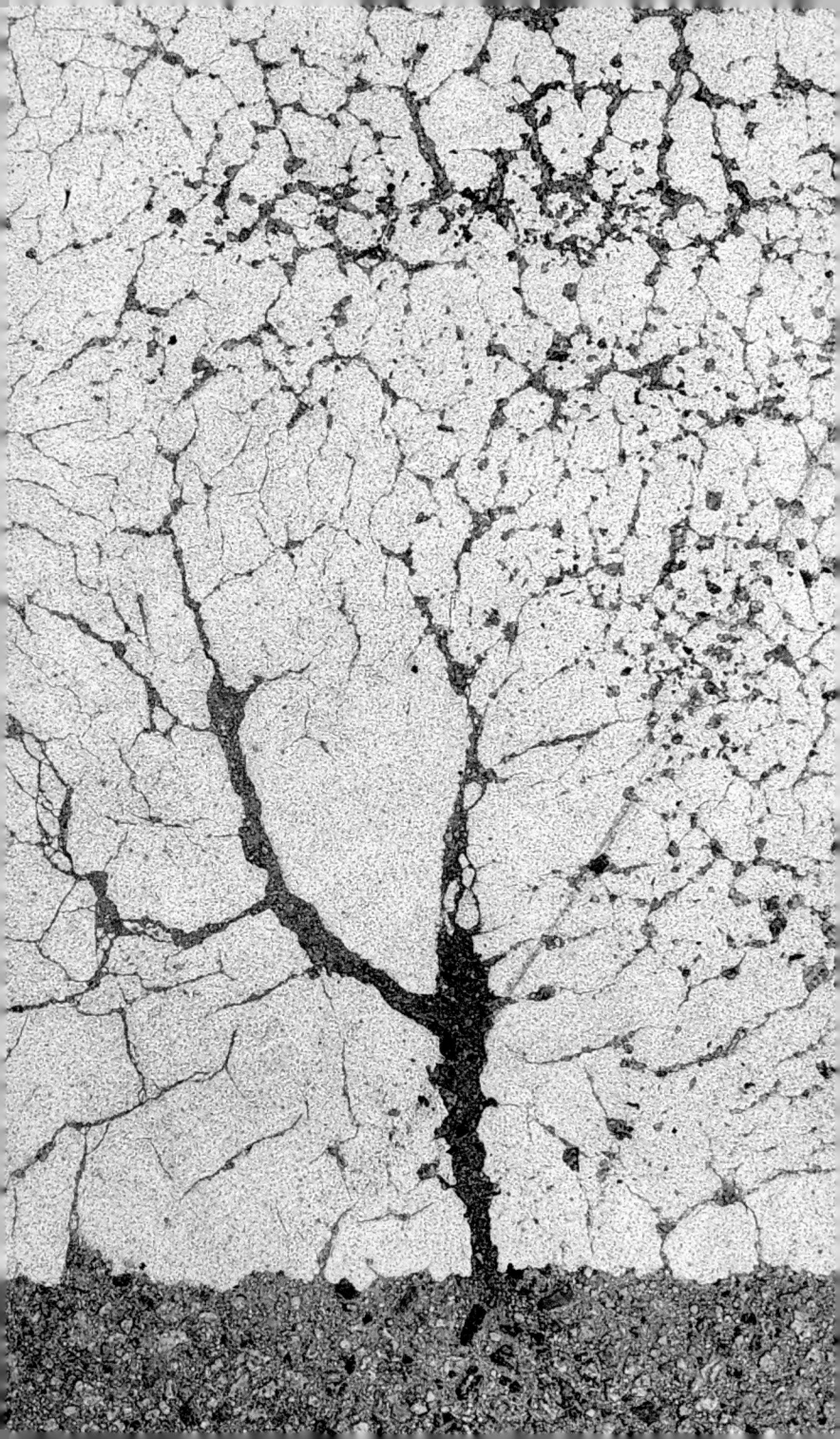

## 핼러윈, 오상의 비오

22,1029,159개의 심장을 가진

나무가 되었으면 해


해가 지지 않는 별에서 달콤하게 웃었으면 해



*비오: 라틴어 Pius 자비로운 이

# 양다리

봄도 왔고요

바람도 살살 불고요

# 요술빵

먹으면 먹을수록 입꼬리가 올라가요

# 숨바꼭질

꼭꼭 숨어라 머리카락 보일라


들켰다, 너무 환하게 웃었다

# 마우스 투 마우스

02 이겨라 20 이겨라

고싸움인줄 알았는데


자세히 보니

인공호흡 중이었네

# 엘리베이터 고장 난 날

문제없어

이럴 때를 대비해서

날개를 하나 장만했지

# 1교시 영어 시간

말 시키지 마

공부 중이야

모란이 피기까지는

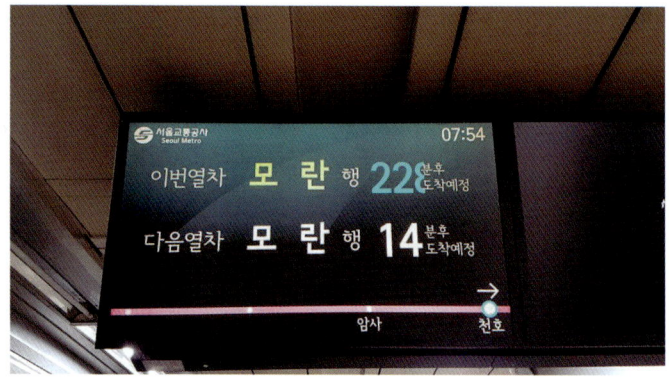

꽃향기가 궁금하면

새치기 해 봐요

# 장군이

태어날 때부터 언청이 친구에게

밥그릇 내어주고

수탉들 올세라

지켜주는 하얀 신사

# 2부

OLYMPUS

# 붕

바람 좋고

음악도 좋은 이 좋은 날에

가자, 남으로 남으로

# 역지사지

엄마, 아빠가 엄마 어디 가냐고 물어보래


아빠, 엄마가 이번 논문은 좀 길어질 거래

# 그날 일기 38.4

말복 하늘 위에 눌러 쓴

말줄임표 한 줄

# 여배우들

언니, 똥차 좀 치워줘

## 지킬 앤 하이드

우기에만 등장하는 예수

투명 가면 속 마블


태양 마스크 사러 나간 우산

발자국 지우는 바람

# 하지

고장 난 저울 위에 쌓인

그리움의 무게

# 절규

저 뭉크 몰라요

(믿어야 해요)

공룡은 본 적도 없고요

아버지는 이미 화석이 된지 오래예요

(저 진짜 뭉크 몰라요)

# 하필

말다툼한 날 비가 내린다


자기야

김치부침개 해 먹을까

# 8월의 크리스마스

양말도 절판되고

루돌프도 휴가 가고


엄마, 그냥 용돈으로 주세요

# 비양심 집회

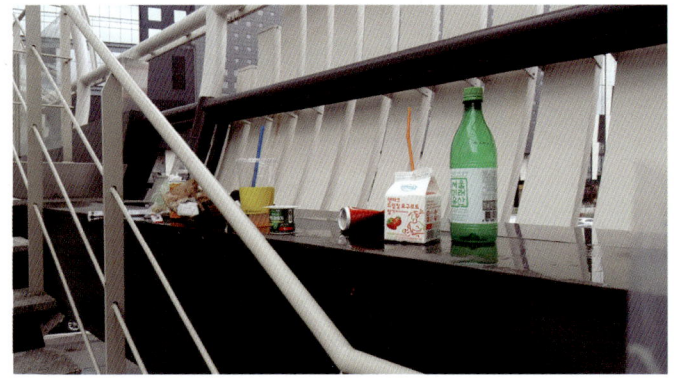

미래 유산은 어디로 갔을까

가짜 무지갯빛 세상과

취해 흔들리는 푸른 양심들

# 219 공화국

정치-여유

경제-여유

문화-여유

보석-여유

언론-여유

# 배틀그라운드*

잘 살펴

이번에는 녹지대다

*온라인 게임 이름

# 호시탐탐 vs 눈치

10대엔 학교 후문과의 친밀도

20대엔 회사 파티션의 높이

30대엔 친구. 친구. 친구의 눈.눈.눈.

40대엔 부모와, 부모로, 부모의.

50대엔 거울 속 내 모습

# 간판 공모

지하 1층에서는 그립게 마시고

1층에서는 즐거움을 꺾어 들고

2층쯤에서 무엇을 하고 싶어요?

# 3부

## THE SEED

# 악공

한창 하늘을 연주 중이었는데

바람이 낚아채가더군


당신들은 그 소리를 가을이라 부르더군

# 21세기 춘향

철창이 참 촘촘도 하네요

제 몸 가둔다고

심장 소리까지 가둘 수 있을 것 같나요

# 사내 커플
### －월하정인의 풍으로

자기야 여기야

과음

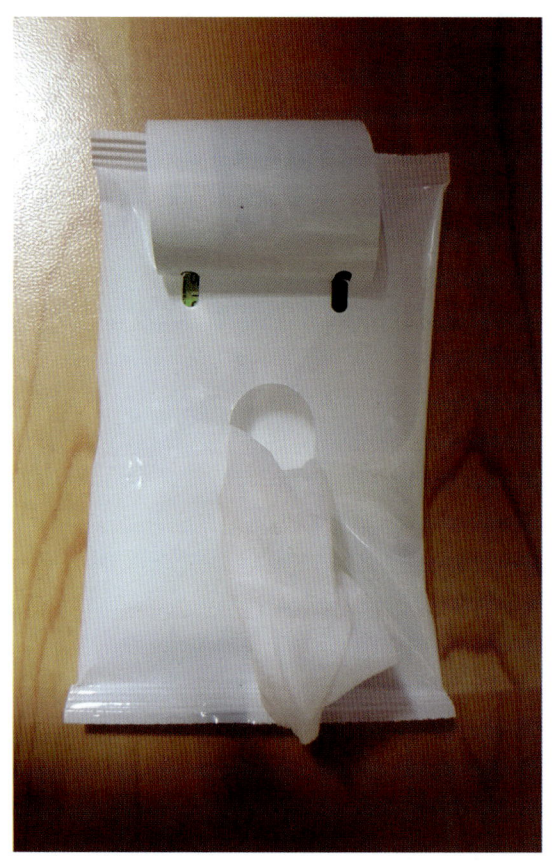

부장님은 자꾸

우리 부서의 기둥이라 하시지요

앞자리에는

짝사랑 그녀가 살살 웃지요

## 요요

거울아 거울아

이 세상에서 누가 제일 날씬하니

## 파문

하루가 하루가 하루가 빨간 가루가

뾰족하게 던지는 고해성사

신혼

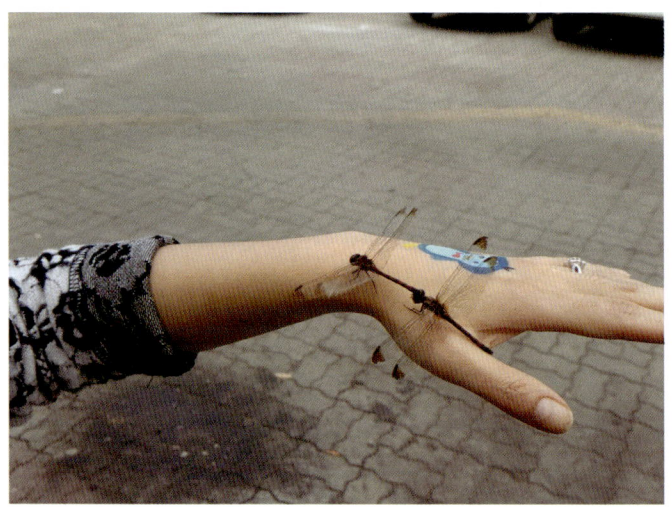

새 온돌침대를 들여놨어요

단점은

좀 흔들려요

## 키가 크는 이유

시시콜콜

엿듣지 않기로 했다

# 22세기 지구인

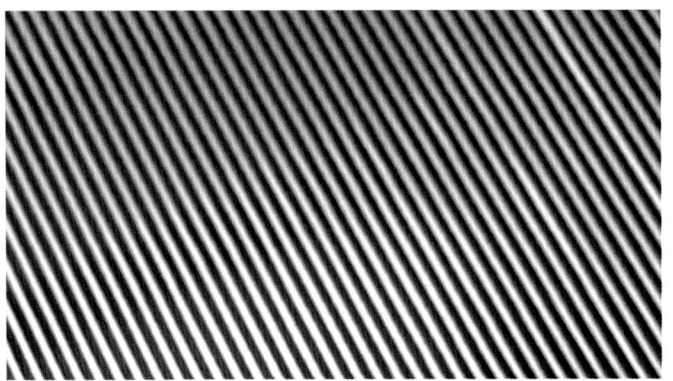

사선이나 철의 눈을 사요

회색이나 구부린 등을 팔아요

고장 난 심장도 대여합니다

# 제망매가

누이 이름이 녹슬었다

기억에 이끼가 끼고

가슴은 쉰 바람이 지났다

그녀의 나이가 된 손이

얼굴을 느리게 지웠다

# 산책

낮잠 좀 잘게요

파도 소리 커지면 알려주세요

체감온도

같은 밥을 줬어요

같은 집을 줬어요

한 명은 마르고

한 명은 푸르고

# 후진의 정석

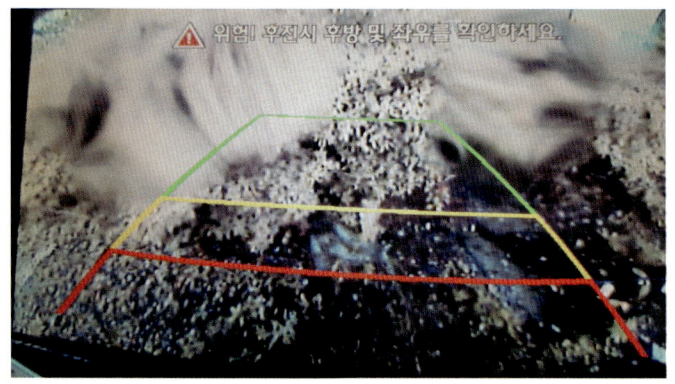

분명히 보이지만,

꽃길을 밟을 수도 있어요

빙판길이 미끄러울 수도 있어요

# 빙고

불면이 암호를 벗어 놓고 갔다

백야의 일기인지 칠월의 우울인지 여름 감기인지


누구든 비 오기 전에 맞추기만 해

수면제 처방이 상품으로 걸려 있어

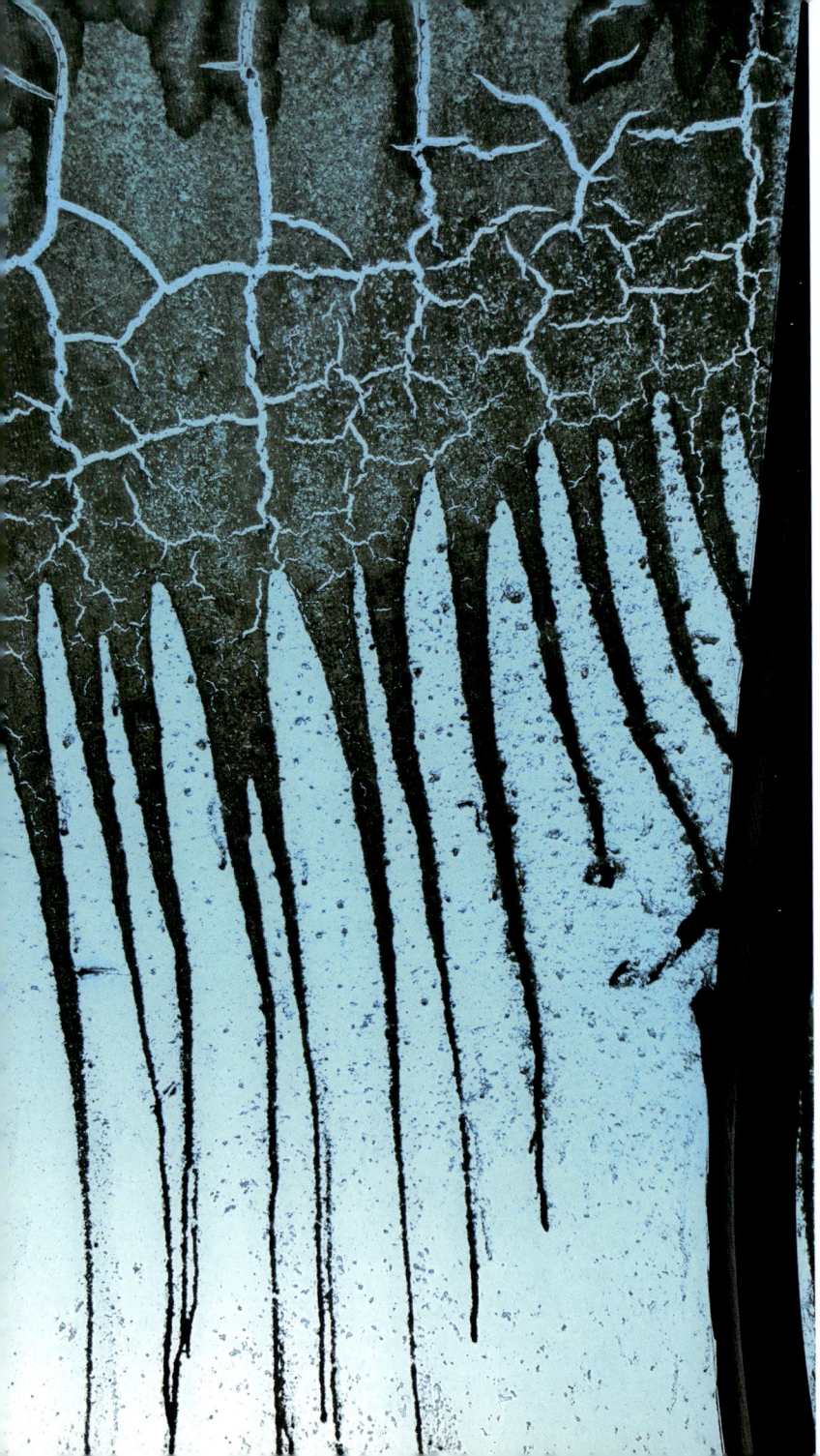

# 입추

먹구름이 흘린 눈물로 그린

가을 종유석

# 4부

CAVE

## 세미원洗美苑에서


시시포스가 길 위에 거울을 떨어뜨렸다


욕심은 밝을수록 선명해지지


해가 질 때까지 몸속 어느 샘터로 갈까

# 가위손

새가 노래하면 새털구름을 깎고

양들이 뛰놀면 양떼구름을 깎고


먹구름이 끼었다


누군가 한참을 울고 있다

# 라이어 크리스마스

죄송해요 전 이미 컸구요


줄 선물은 급하구요

## 배웅

얼마나 울어야

아버지라는 지평선을 접을까

# 非
## —베아트리체에게서 온 편지

단테,

그곳은 아닌 것들이 너무 많죠?

심어놓은 나무 사다리 밟고

연옥 지나 잘 건너오세요

## 적도의 펭귄

내가 소인 줄 알지

융프라우에 오거든 전화해

눈 고명 듬뿍 얹은 사리곰탕 대접할게

# 도나 노비스 파쳄

헤이 준

6.23 7.24

반짝이던 두 별이 등돌리고 뛰어갔다

# 숙면

어느 집에서

누룽지 끓이는 냄새가 나면

실컷 자다 깬

지구의 기지개라고 생각해줘요

# 갱년기

꿈에서는 소개팅을 자주 해요

눈뜨기 싫어서

달력에 빨간 그림을 그리곤 했어요

# 데자뷰

저기

내 오랜 집이 있었지


여기

당신이란 집처럼 좋은 집이었지

# 신의 잔소리

367일을 디디는 힘

말캉한 화이트초콜릿

# 잘 하고 있어

출근길

잊을까 봐 그려놓은

자화상

미로

빗물도 안 새고 세금도 없는

그런 곳으로 안내합니다


바닥에 누우면

더 잘 보이기도 합니다

## 하늘 우물

구름 나무를 심을까 나뭇잎 바다를 키울까

악공 눈 속에 둥근 노래를 뿌릴까


지구가 우물이 되면

하늘이 둥근 북이 되면

# Agnus Dei

리호 디카시 해설

오홍진

최은묵

고전

허예지

정우진

차기환

ID:EARTH
아이디얼스

한순

1. 하늘 우물에서 부르는 평화의 노래
   오홍진(문학평론가)

2. 꼭꼭 숨으셨나요? 이제부터 찾겠습니다
   최은묵(시인)

3. 신에게 향하는 마음을 시인의 글로 마주하다
   고전(타로 심리학 강사)

4. 사뿐히 내려앉는 소복한 자화상
   허예지(한빛누리중 3학년 재학 중, 웹진 《월간 한빛》 편집부장)

5. 의미와 쓸모를 찾아 헤매는 모두에게
   정우진(그래픽 디자이너, 디자인 스튜디오 《범프헤드》 공동대표)

6. 신은 참 가까이 있는 것 같은데요?
   차기환(배우, 서울시립대 도시과학대학원 겸임교수)

7. 묵음의 4중주 신호를 읽다
   ID:EARTH 아이디얼스(가수, 작곡가)

8. 그녀의 긴 곡선
   한순(시인, 에세이스트, ㈜도서출판 《나무생각》 대표)

■리호 디카시 해설

# 하늘 우물에서 부르는 평화의 노래
### - 리호의 디카시

오홍진(문학평론가)

 가까이 있으면 보이지 않던 사물이 한 발 두 발 물러나면 보이는 순간이 있다. 숱하게 본 사물이나 상황이 갑자기 다르게 보이는 순간도 있다. 시적 이미지란 그런 것이다. 특별한 장소에서 특별한 이미지가 피어오르는 게 아니라, 익숙한 장소에서 특별한 이미지가 '순식간에' 피어오른다. 디카시는 일상에서 맞닥뜨린 이미지를 사진(이미지)으로 보여주고, 그 이미지를 언어로 표현하는 과정을 거친다. 디카시 창작에서 사진 이미지는 언어로 표현된 시를 보충하는 재료가 아니다. 사진 이미지와 언어 표현이 하나로 어울려 '디카시'라는 작품이 완성된다. 디카시가 5줄 내외의 짧은 시 형태로 창작되는 까닭은 여기에 있다. 시인이 일상의 날이미지를 보고 순간적으로 깨달은 진실이 사진 이미지 속에 이미 새겨져 있다고나 할까?

한 발 뒤에서 다시 보면
온몸으로 봄을 싣고 날아가는
새 한 마리

_「투영」 전문

바위와 바위 사이에 새 한 마리가 보인다. 가까이 있으면 보이지 않는 새가 발걸음을 뒤로 물리면 서서히 보이기 시작한다. 한 발 뒤에서 사물을 다시 본다는 건 무엇을 의미할까? 사물에 관심이 없는 사람이 이런 행동을 할 까닭이 없다. 무언가를 보는 행위는 무언가를 온몸으로 품는 행위와 밀접하게 이어져 있다. 마음 가득 봄기운을 싣고 어딘가를 향해 날아가는 새 한 마리를 통해 시인은 봄기운을 가득 품고 사방을 둘러보는 또 다른 존재를 상상한다. 그 존재는 물론 시인=사람에 한정되지 않는다. 한 마리 새는 봄기운이 가득한 생명을 품고 하늘을 날고, 그 새를 눈여겨보며 시인 또한 온몸으로 봄기운을 느낀다. '투영'이란 시 제목은 한 마리 새가 되어 봄기운을 만끽하는 생명의 마음을 그대로 담아내고 있다.

사진 이미지와 언어 표현을 따로 떼어놓고 이 시를 읽으면 그만큼 읽는 맛이 떨어진다. 독자는 시 제목과 사진 이미지를 먼저 보고 언어로 표현된 시를 읽는다. 사진 이미지는 시로 가는 길을 열고, 시는 사진 이미지를 구체화하는 상상의 힘으로 작동한다. 시를 읽고 난 다음에야 독자는 사진 이미지로 제시된 한 마리 새가 되어 사방에 퍼진 봄기운을 마음껏 즐기게 된다. 일상 곳곳에 널린 사물들이 디카시의 훌륭한 소재가 될 수 있다는 걸 이 시는 분명히 보여준다. 중요한 것은 그 사물들을 눈여겨보는 시안詩眼이라고 할 수 있다. 시적 사물은 순간적으로 나타났다가 이내 저 멀리 사라진다. 디카시인은 이 사물을 스마트폰으로 찍어 사진 이미지로 펼쳐낸다. 날이미지를 사진 이미지로 제시하는 이 점이 디카시의 대중성을 낳는 근원이라고 말해도 좋을 것이다.

리호는 이러한 디카시의 속성을 정확히 알고 있다. 「우수 무렵」이란 시에는 새끼들에게 젖을 물린 어미 개가 개집에서 물끄러미 바깥을 내다보는 사진 이미지가 제시되어 있다. 늙어 젖도 별로 나오지 않는데도 새끼들은 강한 입심으로 어미 젖을 빤다. 어미 젖을 먹는 게 새끼들의 자연이라면, 새끼들에게 젖을 먹이는 건 어미 개의 자연이다. 봄꽃이 피면 새끼들은 젖을 먹지 않아도 될 만큼 성장하겠지만, 그때가 오려면 아직은 시간이 많이 흘러야 한다. 시인은 어딘가를 망연히 바라보는 어미 개의 시선에서 새끼들이 빨리 성장하길 바라는 마음을 읽는다. 언어로 쉬이 표현할 수 없는 어미 개의 시선을 독자는 사진 이미지로 들여다본다. 하늘에는 봄이 왔지만, 땅에는 봄이 오지 않은 '우수 무렵'의 풍경을 시인은 어미 개의 시선에 담아 아름답게 표현하고 있는 셈이다.

구름 나무를 심을까 나뭇잎 바다를 키울까

악공 눈 속에 둥근 노래를 뿌릴까

지구가 우물이 되면

하늘이 둥근 북이 되면

_「하늘 우물」 전문

  디카시의 사진 이미지에는 사물을 바라보는 시인의 시선이 깊숙이 스며 있다. 원형 건물 너머로 구름 낀 파란 하늘이 보이고, 그 사이로 우거진 나뭇잎이 보인다. 둥글게 펼쳐진 하늘에 시인은 "하늘 우물"이라는 이름을 붙인다. 구름 나무를 심을 수도 있고, 나뭇잎 바다를 키울 수도 있는 '하늘 우물'은 이내 "악공 눈 속에 둥근 노래"로 변주되어 표현된다. 지구가 우물이 되면 어떤 세계가 펼쳐지고, 하늘이 둥근 북이 되면 어떤 소리가 펼쳐질까? 시인은 하늘 우물을 보며 우물이 된 지구를 상상하고, 둥근 북이 된 하늘을 상상한다. 우물이 된 지구는 다양한 생명을 기를 테고, 둥근 북이 된 하늘은 맑고 신나는 소리를 이 세상에 드리울 것이다. 시를 읽고 사진 이미지를 보면 그 속에서 흘러나오는 북소리가 들릴 듯도 하다. 물론 상상이다.

  리호의 디카시에는 봄기운을 품은 새 한 마리가 살고, 새끼들에게 젖을 먹이는 어미 개가 살며, 온갖 생명을 품은 하늘 우물이 사방에 펼쳐져 있다. "먹으면 먹을수록 입꼬리가 올라가"(「요술빵」)는 "요술빵"이 살기도 한다. 그녀는 둥근 북소리가 끊임없이 울리는 하늘 우물에서 하나하나 사물들을 길어 올린다. 시인의 눈길이 닿는 곳마다 시적 사물들이 피어오른다. 사물은 홀로 피어나지 않는다. 사물은 늘 보는 이의 시선과 더불어 피어난다. 꽃 한 송이를 피우는 데도 온갖 생명의 힘이 필요한 법이다. 시적 사물이라는 꽃을 피우는 일이라고 다를까? 리호의 하늘 우물에서 피어나는 사물 하나하나는 그렇게 독자의 마음 깊은 자리에서 새가 되고, 노래가 되고, 하늘이 되고, 우물이 된다. 평화를 기원하는 '도나 노비스 파쳄'이라는 시집 제목 또한 이와 연관되지 않을까?

■ 리호 디카시 해설

# 꼭꼭 숨으셨나요? 이제부터 찾겠습니다

최은묵(백수가 꿈이고요. 시를 씁니다.)

'Dona Nobis Pacem(우리에게 평화를 주소서)'을 들으며 글을 쓴다. 평화를 바라는 이유는 지구에 온 순간부터 통증을 느꼈기 때문일 것이다. 도무지 통증의 까닭을 알 수 없어 신을 원망했겠다. 지구에 신은 존재할까? 첨탑의 십자가는 신의 좌표가 아니다. 거룩하게 높은 신은 어디에 숨어있을까?

『도나 노비스 파쳄』에서 리호 시인은 자신의 방식으로 신과 조우한다. 불안, 고통, 신음, 눈물, 절망, 실의, 체념, 비관 그리고 모정, 우정, 도전, 여유, 관계, 희망, 웃음 등의 세계에 꼭꼭 숨어있는 신의 다양한 모습을 찾아낸다. 이때 "한 발 뒤에서"(「투영」) 안쪽의 세상을 발견하는 시선은 지혜롭다. 어쩌면 이런 바라봄의 방식이야말로 신에 접근하는 하나의 길일지도 모른다. 우리가 신과 마주치지 못하는 까닭은 핀이 어긋난 앵글처럼 초점이 맞지 않은 눈으로 세상을 보기 때문일 것이다. 그러므로 시집 처음에 실린 「투영」은 어떤 방식으로 신을 만나고, 평화를 바라는 이유가 무엇인지, (리호 시인의 방식대로) "다시" 세상을 보는 키워드인 셈이다.

367일을 디디는 힘
말캉한 화이트초콜릿

_「신의 잔소리」 전문

 가만가만 사진과 시에 머물다 보면 리호가 세상을 읽는 방식은 현상이 아니라 심상임을 알 수 있다. 보이는 이미지에 그치지 않고 안쪽의 깊이를 더듬는 시도는 시인이 추구하는 가치와 호흡을 같이한다고 단언할 수 있다. 그러므로 우리는 각각의 시편을 보고 읽으며 '너머'가 아닌 '깊이'의 세계에 합류하는 것이고, 거기쯤 "꼭꼭 숨"었다가 "들켰"을 때 "환하게 웃"(「숨바꼭질」)고 있는 신을 만나게 될지도 모를 일이다.
 우리에게 들킨 신은 과연 평화일까? 우리의 평화와 신의 평화는 같은 모습일까? 리호의 『도나 노비스 파쳄』은 이런 물음에 충만하게 접근한다.

"빨간 틴트를 가지고 싶"어하고 "하얀 핸드폰은 가진 아이들이" "꽃처럼 진"(「그대로 있으라」) 4월의 바다와, "22,1029,159개의 심장을 가진/ 나무"(「헬러윈, 오상의 비오」)로 자라길 바라는 10월의 땅은, 살아남은 자들의 눈물을 모아 평화를 잃은 세상을 기억하고 다시 평화를 소환하려는 몸짓이며 시인이 어떤 물음에 다가가고자 하는 무게 중 하나일 것이다.

그러므로 이 시집을 인간의 체온이 가닿을 수 있는 끝점에서 다시 펼친다면 우리는 우리와 똑같은 체온을 가진 신의 표정을 분명 보게 될 것이라 믿는다. 그러니 손끝이 닿을 저 끝점부터를 평화라고 불러보는 건 어떨까?

거기까지 가는 걸음마다 "367일을 디디는 힘"(「신의 잔소리」)을 모아 가슴으로 사진을 찍고 심장으로 시를 쓰다 보면 통증의 봄도, 원망의 여름도, 주저앉던 가을도 다시 뜨거워지지 않을까?

우리는 기꺼이 숨어있는 신을 찾으려는 시인 리호의 걸음에 동행한다. 비틀어지고 깨지고 찢긴 세상, 그 안쪽의 밝고 환한 에너지를 만나러 간다. 그런 우리를 'Agnus Dei(신의 어린 양)'라고 명명하기로 한다.

■ 리호 디카시 해설

# 신에게 향하는 마음을
# 시인의 글로 마주하다

고전
(가람지기였던, 지금은 타로카드와 소통 중인 사람입니다.)

 리호의 시집 『도나 노비스 파쳄』은 신에게 드리는 기도이며 자신의 마음에 간절히 바라는 바람이기도 하다.
 표제와 같은 시 「도나 노비스 파쳄」에서 리호 시인이 보여주는 세상의 장면과 시의 언어는 우리가 어떻게 신을 마주하는지 보여주며 모두의 마음속에 자리한 신을 바라보는 또 다른 방식을 찾아보게 만든다.

10대엔 학교 후문과의 친밀도
20대엔 회사 파티션의 높이
30대엔 친구. 친구. 친구의 눈.눈.눈.
40대엔 부모와, 부모로, 부모의.
50대엔 거울 속 내 모습

_「호시탐탐 vs 눈치」 전문

「호시탐탐 vs 눈치」는 지나온 기억 속에서의 추억들, 그리고 지금의 모습을 마주하며 독자 안에 담긴 순수한 신성과 때로는 아픔을 담기도 한 신성의 모습을 마주하게 만든다. 알아채는 순간 기억 속에 자리해 있는 그때의 느낌도 끌어올려 진다.

리호 시인의 시는 부드러운 자극으로 시를 마주한 사람의 마음속을 건드려 주는 듯하다. 한 장 한 장 넘겨 가며 마주한 시인의 시는 웃음으로도 눈물로도 우리에게 위로와 치유를 가져다준다.

"그런데 우산은 가져왔니"(「교감 선생님」)의 언어처럼 건네오는 그 한마디가 걱정을 잊게도 하고 입술 끝을 올려 미소 짓게도 하며, "367일을 디디는 힘 말캉한 화이트초콜릿"(「신의 잔소리」)에서는 잔소리여도 누군가 그 누군가가 신이라면 버텨낼 것이다. 이 힘든 세상에 나를 지켜봐 주고 걱정해주며 잔소리해 주는 그런 모습, 우리가 마음속에 담고 있는 신의 모습이 다 그러하지 않을까?

시인이 건네주는 각각의 시편은 지금까지 생각하지 않았던 신과의 만남을 가지게 해 주었다. 시인의 시각으로 다시 본 세상, 시인의 시로 인한 울림, 시인 안에 자리한 신과의 인사, 시를 읽은 사람들은 모두 경험해 볼 것이다. 마음에 담은 신을 통해 주변 모두가 신의 모습으로 다가오는 것을.

도나 노비스 파쳄(우리에게 평화를 주소서)을 다시 입에 담았다. 처음과는 다른 "도나 노비스 파쳄"의 의미. 시인의 시를 통해 신을 마주하는 그때마다 시인의 시에서 건네주는 신과의 만남을 통해 우리는 자신만의 방식으로 자신만의 마음으로 신에게 평화를 기도할 것이다.
 지금, 이 순간 '도나 노비스 파쳄'

■ 리호 디카시 해설

# 사뿐히 내려앉는
## 소복한
### 자화상

허예지(성장중)
-지구별을 떠도는 어느 꽃가루 하나-

  리호 시인의 시집 『도나 노비스 파쳄』은 우리로 하여금 평화에 가까이 가닿는 것에 대해 생각하게 한다. 이번 시집에서는 '개인'의 평화와 '우리'의 평화 두 가지가 나타나는데, 세상의 평화로운 악공이 "하늘을 연주 중"(「악공」)이든, "흔들리는 푸른 양심"(「비양심 집회」)의 해감내가 코를 찌르르하게 하는 순간이든, 온종일 끊이지 않는 세상의 평화에 대한 우리의 호기심에 리호 시인은 '평화란 무엇인가'라는 하얀 물음을 던진다.

출근길

잊을까 봐 그려놓은

자화상

_「잘 하고 있어」 전문

 평화에 대한 리호 시인의 관찰은 세상에 하얀 물음이 되고. 그것에 답하는 어느 날의 대답.

 삶 속에서 우린 많은 순간을 눈 오는 날의 도로처럼 살아간다. 쉴 새 없이 내리다가 순식간에 녹고, 몇 번의 실패 끝에 다시 그 지점에 착지하고. 이를 반복하는, 인생의 조각 하나를 살려내기 위한 의식의 시작점에서, 눈 오는 도로 바퀴 자욱이 그린 하루의 속력. 이를 감내하며 살아가기에는 내가 내 모습을 진정으로 볼 수 있는 시간이 부족하다. 때로는 하루를 칭하는 숫자와 요일은 잊어버리고, 나의 감정조차 제대로 따라가지 못하는 날들이 반복되기도 한다.
 하루 종일 자화상이 아닌 타인의 초상화를 그리기에는 문득 버겁다고 느껴지는 순간, 평화를 간절히 소망하는 미로를 온몸으로 그리는 나비가 우리의 마음에 들어온다.

어쩌면 리호 시인의 자화상은 이런 나비의 발자국을 막기 위한 일종의 방어가 아니었을까? 시작점에서 고개를 들어 얼굴을 보고, 모호한 하얀 물음들 속에 자화상을 새기며 복잡한 나비 대신 '초상화'가 마음에 소복이 내려앉기를 바라는 마음. 시인은 '평화'에 대한 물음에, 답은 '현재'를 사는 것에 있다는 사실을 자화상에 내포한 것이 아닐까?

 '나'를 담은 자화상은 사뿐히 내려앉고, 어느샌가 나비를 저 하얀 설산의 한복판에 훨훨 날아가게 두었을 시인의 마음이 '평화'라는 모호하고도 신비한 세상의 끝 편에 가 닿기를.

■ 리호 디카시 해설

# 의미와 쓸모를 찾아 헤매는 모두에게

정우진
(아주 쓸모 있는 디자이너)

　요즘 세상은 온통 쓸모에 관한 얘기뿐이다. 빠르고 정확한 것, 깔끔하며 완전한 것에 대한 신화는 위협적인 발걸음으로 볼품없는 나를 계속해서 쫓는다. 무섭게 울리는 발소리에 이리저리 보이는 대로 뛰어다니다 뒤를 돌아보면 언제 그랬냐는 듯 나 몰라라 하는 숨 막히는 적막만이 있다. 실체 없는 불안이 턱밑까지 차오를 때면 휴대전화를 켜 사진첩에 들어간다. 어제 시켜 먹고 남은 불어 터진 떡볶이, 지난주에 봤던 삼색 무늬 길고양이, 작년 겨울에 갔던 고요하고 파아란 바다를 본다. 이제 마법처럼 모든 것이 괜찮아진다. 삶은 100배속짜리 동영상이 아니라 두껍고 손때묻은 3만 장짜리 사진첩임을 깨닫는다.

　『도나 노비스 파쳄』의 사진들은 시인의 언어와 함께하면서 사진이 가진 단순한 물성을 넘어 잊고 있었던 일상 속

따스하고 빛바랜 감정들을 환기하는 기호로서 작용한다. 시인의 다정하고 집요한 시선은 빠르게 스쳐 지나가는 필름을 거침없이 툭툭 잘라내며 흔해 빠진 풍경과 지루한 일상을 다채로운 프레임으로 새롭게 편집한다.

 이제 나는 처마 끝에 매달린 물방울 두 개를 보며 가끔은 깜짝 놀랄 만큼 차갑지만, 혹시라도 아플세라 둥글게 떨어지는 「교감 선생님」의 말들을 떠올린다. 홀로 하늘 높이 뻗어있는 나무 한 그루를 보면서 시시콜콜 떠드는 사람들 사이를 당당히 밀치고 지나가는 그 녀석의 「키가 크는 이유」에 대해 생각한다. 앙상한 나무의 촘촘한 잔가지들을 보면서 「가위손」같이 산발이 된 머리카락과 함께 숨죽여 울던 그 사람의 얼굴을 아주 오랜만에 그려본다. 시집을 다 읽고 나면 생에 처음으로 카메라를 선물 받은 아이처럼 시선이 닿는 모든 것을 기록하고 싶은 흥미로움에 휩싸인다.

삶에 의미를 부여하는 것은 나의 쓸모를 증명할 수 있는 거창하고 극적인 짧은 영광이 아니라 세상에 존재하며 1분 1초 느끼는 모든 것들이며 그것 자체로 이미 나의 쓸모는 증명된다는 것을, 삶의 의미는 참으로 지루한 일상에 숨어있는 것임을 시인은 사진과 시를 통해 호소한다. 의미와 쓸모를 찾아 헤매는 모두에게 『도나 노비스 파쳄』, 시집의 제목 그대로 '평화'를 가져다주기를, 삶 속에서 진정으로 쓸모 있는 것들을 깨닫기를 바라는 시인의 다정함을 헤아려 본다.

■ 리호 디카시 해설

# 신은 참 가까이 있는 것 같은데요?

차기화니(아직도 그 짓거리 하는~)

밤 10시부터 맥주 광고가 넘쳐난다. 이유를 알아보니 청소년이 보면 안 되는 광고라 그 시간에 한단다. 청소년은 여기저기서 혹사당하다가 그제야 조금 뭘 보는데? 19금은 19세 이하만 보는 거 아닌가?

요즘 다들 갈증에 목이 정말 턱턱 막히는 사막 한가운데 서 있는 느낌이다. 작은 모임에서 뵙고 받은 리호 시인의 시집이 눈에 들어온다. 오늘 밤 맥주 대신이다.

오랜만에 받은 맛있는 주안상이 여기 있었다. 나만의 창피한 비밀이다. 『도나 노비스 파쳄』 제목의 뜻은 나중에야 알았다. 근데 딱 맞아떨어진다.

배우는 대본을 처음 본 감정이 전부일 때가 더 많다. 이상하게 거의 맞다. 근데 이건 특별한 맛이다. 술술 넘어간다.

처음에는 약간 막걸리 냄새가 나다가, 다시 잘 숙성된 와인으로 변한다. 반쯤 취할 때, '뭐지?' 난 다시 시원한 맥주로 입가심하고 있다. 광고 문구 하나하나 다 들어가 있었다. 청정, 지하 암반수, 깔끔한 마무리, 친구가 좋다, 이제 다시 정열의 밤.

다들 좋은 시는 천천히 음미한다는데 나도 모르게 찰떡궁합 안주를 대하듯 한술 해버리고 말았다. 착착 감기는 맛에 푹 빠져 있었다. 삶의 무게와 가치가 살살 입속에 녹아내려 혼자 흥얼대며 취해간다.

말다툼한 날 비가 내린다

자기야
김치부침개 해 먹을까

_ 「하필」 전문

당연히 해 먹어야지 그럼!
다 그렇다. 다 좋다. 다 편안하다. 그래서 이번 시집이 난 너무 좋다.

어릴 때 생각이 문득 난다. 내게 신은 수호신과 귀신 딱 두 가지 형태였다. 어쩜 귀신 쪽이 더 많았다. 커서는 달랐다. 인간이 귀신이라는 걸 알아버렸다. 그래도 나는 믿고 산다. 좋은 신은 우리 가까이서 우릴 보고 있을 거라고.

처음 알았다. 시가 맥주보다 훨씬 맛있을 수도 있다는 것을. 리호 시인에게 감사하다.

■ 리호 디카시 해설

# 묵음의 4중주 신호를 읽다

ID:EARTH(띠로리)

 리호 디카시집 『도나 노비스 파쳄』을 펼치고 귀를 기울인다. 시집의 큰 타이틀에서 우리는 묵음 4중주 신호를 받는다. 시인의 역할이 각각의 시점으로 분할되어 시인으로서 한 사회의 구성원으로서, 형제로서, 아내와 엄마로서 큰 목차들에 담겨있는 듯하다. 우리가 슬쩍 리호 시인의 내면을 들어가 볼 수 있는 시집이라고도 할 수 있겠다.

 「투영」에서는 계절에 따라 새가 무리 지어 이동한다. 돌틈으로 보이는 하늘에서 자유로워 보이는 봄을 품을 새의 실루엣만으로 새로운 시작을 상기시켜주는 듯하다. 이처럼 바라봄과 느낌의 사이에서 마음의 변화는 감동으로 다가온다. 가깝다는 익숙함에 사물의 아름다움을 놓치고 있었다면, 아이러니하고 예측할 수 없는 지구의 순환에서 한발 뒤로 물러나 지금의 세계를 다른 시각으로 바라보면 어떨까?

우기에만 등장하는 예수
투명 가면 속 마블

태양 마스크 사러 나간 우산
발자국 지우는 바람

_ 「지킬 앤 하이드」 전문

 인생은 참 공평하다. 그 차이는, 타버리기 전에 내리는 비와 얼어붙기 전의 손, 탈수되기 전까지의 눈물 정도일 뿐이다. 그러나 언제 그랬듯 비는 그치고, 신은 우리에게 강인함을 이끌어주는 동시에 감각 또한 단단해지게 만들지만, 현상의 무뎌짐 또한 비례하여 따라온다는 사실은 잔인하다.

거울아 거울아
이 세상에서 누가 제일 날씬하니

_「요요」전문

「요요」는 어느 순간 스스로 만족 되지 않는 아름다움, 자기합리화, 끝이 없는 무리한 노력의 단면을 보여주는 듯하다. 언제부터인지 우리는 스스로 아름다움을 지니고 있다는 사실을 외면한 채 타인의 시선 속에서 살아왔다. 자존감을 높이려는 무리함은 자칫 자신의 가치를 떨어뜨리는 부작용, 즉 요요가 발생할 수 있음을 시사한다. 리호 시인은 이 시에서 반전을 통한 자존감의 회복을 역설적으로 표현하고 있다.

묵음의 4중주 신호를 다시 보내보기로 한다. 지구의 우물이 마르지 않으며 반사되는 하늘에 닿기까지 북을 치고 즐길 것임을, 북소리가 울려 퍼져 리호 시인의『도나 노비스 파쳄』이 모든 행성으로 울려 퍼지기를.

"하루가 하루가 하루가 빨간 가루가// 뾰족하게 던지는 고해성사"

_「파문」

"구름 나무를 심을까 나뭇잎 바다를 키울까/ 악공 눈 속에 둥근 노래를 뿌릴까// 지구가 우물이 되면/ 하늘이 둥근 북이 되면"

_「하늘 우물」


위의 시 세 편에 나타난 시인과 세상의 조우는, 치열하게 보낸 시절을 거친 맑은 성찰이 수면 위로 모습을 드러난다. "뾰족하게 던지는 고해성사", "몸속 어느 샘터", "지구가 우물이 되면", "하늘이 둥근 북이 되면"으로 명명되는 평화 지향 여성성은 아리하게 아프면서도 아름답다.

이번 시집 『도나 노비스 파쳄』은 그녀가 간절한 염원을 담아 우주 밖으로 던진 평화의 곡선이 디카시를 타고 지상에 둥글게 안착한 풍경이다.

02 이겨라 20 이겨라
고싸움인줄 알았는데

자세히 보니
인공호흡 중이었네

_「마우스 투 마우스」 전문

 우리가 일상에서 흔히 볼 수 있는 부딪고 찢기고 파괴되는 전투 대신, 그녀의 시는 언어와 사물의 한계에 평화의 메신저를 심는다. 화평에 대한 그녀의 갈망은 먹이고 키우는 우주적 모성과 닮았다.
 그런가 하면 세상을 바라보는 시인 자신을 쳐다보는 시선도 한층 더 선명하다.

시시포스가 길 위에 거울을 떨어뜨렸다
욕심은 밝을수록 선명해지지
해가 질 때까지 몸속 어느 샘터로 갈까

_「세미원에서」 전문

■ 리호 디카시 해설

# 그녀의 긴 곡선

한순
(시와 에세이를 쓰고, 책도 만들고, 노래도 가끔 합니다.)


 몇 년 전인지 기억이 잘 나지 않는 저녁 어스름 무렵 그녀와 내가 홍대 입구에서 만났다. 그녀는 많이 말랐고 휘청이는 그녀와 속으로 휘청이는 내가 만나 커피를 마시고 긴 이야기를 나누었다. 이야기의 문맥은 없었다. 그녀가 이야기하고 주로 내가 들었다. 그녀의 시처럼 일상이 나열되는가 하면 곧 어디론가 튀었다. 애초에 그녀를 만났을 때처럼 그녀를 굳이 이해할 필요가 없다. 그냥 그대로 받아들이면 되었다. 그녀의 언어 속에는 많은 사물이 등장한다. 엄마, 고도리, 사업, 남편, 시, 그리고 모스부호 같은 우주 밖 누군가를 데려온다.